# CATALOGUE

DE

# DIAMANTS

## Perles et Pierres de couleur sur papier

## BELLE RIVIÈRE EN BRILLANTS

### Bijoux anciens et modernes

### ARGENTERIE, OBJETS DE VITRINE, MONNAIES, MÉDAILLES

Tableaux, Aquarelles, Dessins

Gravures, Miniatures, Camées, Matières précieuses

## MOBILIER, COFFRE-FORT, BRONZES

PORCELAINES, GLACES, LINGE, GARDE-ROBE

DONT LA VENTE AURA LIEU

## *Par suite du décès de M. L****

# HOTEL DROUOT, SALLE N° 11

## Les Lundi 6 et Mardi 7 Novembre 1893

A DEUX HEURES PRÉCISES

| Mᵉ Henri OUDARD | M. A. BLOCHE |
|---|---|
| COMMISSAIRE-PRISEUR | EXPERT PRÈS LA COUR D'APPEL |
| Rue des Pyramides, 18 | Rue de Châteaudun, 25 |
| MM. ROLLIN et FEUARDENT | M. S. MAYER |
| EXPERTS | EXPERT |
| Place Louvois, 4 | Rue Laffitte, 5 |

CHEZ LESQUELS ON DISTRIBUE LE CATALOGUE

## EXPOSITION PUBLIQUE

*Le Dimanche 5 Novembre 1893, de 2 heures à 5 heures 1/2*

## CONDITIONS DE LA VENTE

———

Elle sera faite au comptant.

Les Acquéreurs paieront CINQ POUR CENT en sus des enchères.

A. MAULDE et Cᴵᵉ, imprimeurs de la Cᴵᵉ des Commissaires-Priseurs,
rue de Rivoli, 144.        400—36990

# VENTE

## Des Lundi 6 et Mardi 7 Novembre 1893

HOTEL DROUOT, SALLE N° 11

A DEUX HEURES PRÉCISES

## Succession de M. L***

# DIAMANTS

### Perles et Pierres de couleur sur papier

## BELLE RIVIÈRE EN BRILLANTS

### Bijoux anciens et modernes

## ARGENTERIE, OBJETS DE VITRINE, MONNAIES

### MOBILIER

#### Coffre-Fort, Bronzes, Glaces, Porcelaines

TABLEAUX, AQUARELLES, DESSINS, GRAVURES

| | |
|---|---|
| **Mᵉ Henri OUDARD** | **M. A. BLOCHE** |
| COMMISSAIRE-PRISEUR | EXPERT PRÈS LA COUR D'APPEL |
| Rue des Pyramides, 18 | Rue de Châteaudun, 25 |
| **MM. ROLLIN et FEUARDENT** | **M. S. MAYER** |
| EXPERTS | EXPERT |
| Place Louvois, 4 | Rue Laffitte, 5 |

CHEZ LESQUELS ON DISTRIBUE LE CATALOGUE

## EXPOSITION PUBLIQUE

*Le Dimanche 5 Novembre 1893, de 2 heures à 5 heures 1/2*

I.                 ` ET RENOU

IMPRIMEURS DE L.          COMMISSAIRES-PRISEURS

144

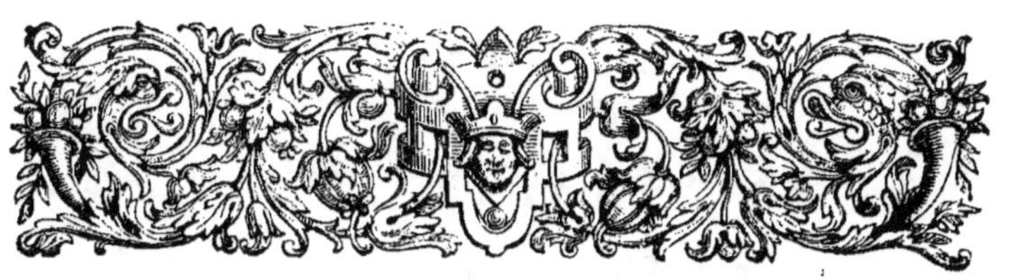

# DÉSIGNATION

## BRILLANTS SUR PAPIER

1 — Dix-sept Brillants. Poids : 17 carats 1/2 1/16.

2 — Soixante-quinze Brillants. Poids : 36 carats 1/2.

3 — Vingt-six Brillants. Poids : 28 carats 1/4 1/16.

4 — Onze Brillants bruns. Poids : 4 carats.

5 — Brillants (mêlé). Poids : 21 carats.

6 — Petits Brillants. Poids : 1 carat.

7 — Brillants. Poids : 11 carats.

8 — Soixante-deux Brillants. **Poids** : 20 carats.

9 — Brillants. **Pöids** : **9** carats.

10 — Deux **Brillants**. Poids : 2 carats 1/8 1/16.

11 — Brillants. Poids : 7 carats 3/4.

12 — Huit Brillants. Poids : 6 carats 3/4.

13 — Huit Brillants.

14 — Brillants de table. Poids : 5 carats.

15 — Mi-Brillants. Poids : 6 carats.

16 — Brillants bruts (clivage). Poids : 4 carats.

## ROSES SUR PAPIER

17 — Roses. Poids : 10 carats.

18 — Roses. Poids : 1 carat 3/4 1/8.

19 — Un lot de petites Roses.

20 — Quatre grandes Roses.

# PERLES

21 — Vingt-sept Perles. Poids : 39 grains 1/2.

22 — Treize Perles. Poids : 169 grains.

23 — Un lot de petites Perles et Demi-Perles.

24 — Un lot de petites Perles baroques.

# PIERRES DIVERSES SUR PAPIER

25 — Quatre Émeraudes. Poids : 5 carats 5/8.

26 — Cinq Émeraudes.

27 — Une Émeraude.

28 — Émeraudes. Poids : 3 carats.

29 — Un lot d'Émeraudes claires.

30 — Deux Rubis. Poids : 1 carat 3/8.

31 — Six Rubis. Poids : 3 carats 1/4.

32 — Seize Rubis. Poids : 6 carats.

33 — Petits Rubis. Poids : 20 carats.

34 — Douze Rubis.

35 — Quarante-cinq Saphirs. Poids 46 carats 1/2.

36 — Cinquante Saphirs.

37 — Soixante Saphirs. Poids : 11 carats.

38 — Petits Saphirs. Poids : 9 carats 1/2.

39 — Quatorze Saphirs. Poids : 14 carats 1/8.

40 — Un Saphir. Poids : 6 carats 1/4.

41 — Onze Saphirs (Ceylan). Poids 35 carats 3/4.

42 — Un lot de petits Rubis, Saphirs et Eme-
raudes.

43 — Deux Saphirs imitation.

44 — Dix Grenats taillés et Cabochons.

45 — Lot de Turquoises.

46 — Lot de Turquoises.

47 — Lot de vingt-six Turquoises.

48 — Lot de vingt-six Opales.

49 — Lot de vingt-une Opales.

5o — Lot d'Émeraudes, Saphirs et Rubis doublés.

5 1 — Trois lots de Diamants pour vitriers.

5 2 — Paquet de Pierres brutes.

53-6o — Lot de vingt-sept paquets de Pierres diverses.

6 1 — Caisse renfermant des Rubis bruts.

## BIJOUX MONTÉS

62 — Belle Rivière en brillants.

63 — Paire de Boutons d'oreilles brillants.

64 — Paire de Boutons d'oreilles solitaires en brillants.

65 — Bague marquise en saphir et brillants.

66 — Paire de Boutons brillants solitaires.

67 — Paire de Boutons brillants solitaires.

68 — Paire de Boutons brillants solitaires.

69 — Bague rubis entourage brillants.

70 — Bague perle entourée de dix brillants.

71 — Bague perle grise entourée de roses.

72 — Bague marquise, saphirs et brillants.

73 — Belle Épingle de cravate formant un *L* en brillants.

74 — Épingle de cravate avec camée.

75 — Paire Boutons de manchettes et deux Boutons de chemises en fer et or.

76 — Épingle camée rouge antique.

77 — Épingle rubis cabochon entouré de brillants.

78 — Épingle brillant solitaire.

79 — Boutons de manchettes or.

80 — Six paires Montures de boucles d'oreilles en or et argent.

81 — Montre d'homme remontoir et Chaîne longue gourmette.

82 — Porte-Mine vermeil.

83 — Boîte à allumettes en argent niellé.

84 — Boîte à parfums en argent.

85 — Trois Épingles cristal et jaspe.

87 — Flacon odeur cristal et or.

88-92 — Collier en pierreries et quatre Pommes de canne.

93-95 — Lot de Corail et lapis lazuli.

96 — Bague chevalière en Lapis lazuli.

97-100 — Lot de Corail, Perles fausses et Bijoux brisés.

101-106 — Six Montres en or.

107-111 — Cinq Montres en argent et métal.

112 — Montre en bois.

113 — Bracelet indien.

114-116 — Deux Chaînes de gilet et une Chaîne de col.

117 — Lot de Bracelets en jais.

118 — Paire de Pendants d'oreilles anneaux.

119-120 — Douze Montures de bagues en or et en argent, une Croix, une Face-à-Main, une paire de Boutons de manchettes, un lot de débris et Mousquetons.

121-123 — Cinq Jumelles.

# ARGENTERIE

124 — Trois Brochettes en argent.

125 — Une Cuiller, deux Fourchettes, une Cuiller à café en vermeil.

126-127 — Un Gobelet, une Casserole en argent.

128 — Service à salade, manche argent.

129 — Louche en argent.

130 — Six Couverts en argent.

131 — Douze Cuillers à café en argent.

132 — Truelle à poisson en argent.

133 — Pince à sucre en argent.

134 — Couteau à fromage en argent.

135 — Casserole en argent.

136 — Moutardier en argent.

137 — Cuvette et Pot-à-Eau en argent.

138 — Théière en argent.

139 — Bol et Soucoupe en argent.

140 — Tasse et Soucoupe en vermeil.

141 — Sucrier et Plateau en argent doré.

142 — Sucrier en argent.

143 — Deux Salières en argent Louis XV.

# OBJETS DE VITRINE

144-145 — Quatre Eventails anciens.

146 — Petite Pendule laquée rouge.

147-152 — Deux Boucles en strass, vingt-trois Miniatures, Émaux et Dessins.

153-154 — Trente-un Camées durs et Coquilles non montées, une Mosaïque.

155 — Bague camée gravé représentant les *Trois Grâces.*

156-157 — Deux Bagues camées et intailles.

158 — Paire d'Éperons en argent.

159-160 — Quatre Bonbonnières en mosaïque, écaille et cristal.

161-169 — Croix avec Christ ornée de roses, Broche en strass, Bougeoir argent, Flacon chinois à tabac en agate, Boîte à sel en argent russe, Revolver crosse en ivoire, Porte-or en ivoire, deux Médaillons représentant Napoléon et Joséphine.

170 — Miniature portrait d'Homme et très petite Miniature dans un écrin.

171-176 — Six Pendules réveils et autres.

177-179 — Pistolet, Fusil et Couteau de chasse manche en ivoire.

180 — Petit Portail en argent émaillé style gothique.

181 — Six Pièces anciennes en or.

182 — Pièce anglaise en argent.

183 — Étui en ivoire sculpté.

184 — Tabatière or gravé et guilloché.

185-187 — Trois Bagues camées et intailles.

188 — Camée cornaline à deux têtes.

189 — Tabatière or émaillé de Genève.

190 — Miniature : Portrait du Comte de Provence.

191 — Deux Miniatures : Portraits de Femmes Louis XVI.

192 — Petit Buste calcédoine orientale.

193 — Boîte en or Ier Empire.

194 — Tabatière argent Louis XVI.

195-196 — Deux grandes Bagues camées.

197 — Nécessaire en galuchat or et agate.

198 — Étui or Louis XVI.

199 — Tabatière or de la Restauration.

200 — Tabatière en argent niellé.

201 — Tabatière en écaille piqué d'or, monture or.

202-215 — Fort lot de Pièces anciennes et modernes en or et argent.

216-226 — Figurine biscuit, Page manuscrit hébraïque, Flacon avec bouchon en ivoire, trois Porte-Cigares en broderies orientales, petit Tapis en brocart d'or, deux Chevaux en bronze doré, Figurine en Saxe moderne, Porte-Bouquet faïence, Coffret, Coupe-Papier et Porte-Plume en métal oriental, sept Boutons en coquillage.

227 — Tête-à-Tête en porcelaine de Saxe.

# TABLEAUX ET AQUARELLES

228-229 — **Aubert.** Bords de Rivière. (Deux pendants.)

231-232 — **Aubert.** Scènes champêtres. (Deux aquarelles.)

233-234 — **Budin.** Marines. (Deux pendants.)

235-236 — **Desprès.** Paysages. (Deux pendants.)

237 — **Daumier.** Le Maître d'école.

238 — **Ducloux.** Vue de l'île Saint-Louis.

239 — **Della Rocca.** Le Départ.

240 — **Dreux** (Genre d'Alfred de). Le Tilbury.

241 — **Hervier.** Marine.

242-243 — **Pagès.** Vues de Port. (Deux pendants.)

244-245 — **Remy.** Marines. (Deux pendants.)

246 — **Smith.** Bord de Rivière. (Dessin.)

247 — **Vernet** (Genre de J.). Gouache.

248 — **Villebert**. Paysage.

249 — **Vera**. Paysage.

250 — **École italienne**. La Madeleine repentante.

251 — **École italienne**. La Sainte Famille.

252-261 — Collection de cent vingt-une Gravures de diverses Écoles, belles épreuves pour la plupart.

262-270 — Lots de Gravures des Écoles allemande et flamande.

271 — Gravure : Vénus.

272 — **École moderne**. Paysages. (Deux pendants.)

273 — Sept Gravures diverses.

274 — Cadre renfermant des empreintes en plâtre.

275 — Deux Fixés : Paysages avec figures.

276 — Deux Gravures sur soie et sur vélin.

277 — Album : Loges de Raphaël, gravées par JEAN VOLPATO et JEAN OTTOVIANI.

# MEUBLES

278 — Ameublement de salle à manger en acajou.

279 -- Bureau en acajou.

280 — Ameublement de chambre à coucher en acajou.

281 — Coffre-Fort d'Haffner.

282 — Sièges divers.

283 — Literie.

284 — Glaces.

285 — Pendules de salon, chambre à coucher.

286 — Bronzes d'art et d'ameublement.

287 — Plaqué, Cuivre, Porcelaine, Faïences.

288 — Rideaux, Nappes.

289 — Linge et Garde-Robe d'homme.

290 — Sous ce numéro seront vendus les objets omis.

# MONNAIES ET MÉDAILLES

## MONNAIES D'OR

1. ROMAINE. *Néron.* PONTIF, etc., Mars debout. OR.

2. FRANÇAISES. *Mérovingienne.* LEVDOLENO, triens. OR.

3. — Royales. *Charles IV*, Royal. OR.

4. — *Philippe VI*, Écu. OR.

5. — *Jean II*, Royal. Franc à cheval, Mouton. 5 pièces. OR.

6. — *Charles V.* Franc à pied. 3 pièces. OR.

7. — *Charles VI*, Écu. 2 pièces. OR.

8. — *Henri VI* d'Angleterre. Salut. OR.

9. — *Louis XI*, Demi-Écu. *Louis XII*, Écu. 3 pièces. OR.

10. — *François I<sup>er</sup>*, Écu. 3 pièces. OR.

11. — *Henri II*, Henri. OR.

12. FRANÇAISES. *Charles IX*, Écu. OR.

13. — *Louis XIII*, Écu, Demi-Louis. 2 pièces. OR.

14. — *Louis XIV*, Double-Louis. OR.

15. — Louis et Demi-Louis. 2 pièces. OR.

16. — Louis avec les deux anges. OR.

17. — *Louis XV*, Demi-Louis aux lunettes. OR.

18. — *Louis XVI*, Double Louis, 2 pièces. OR.

19. — *Louis XVI*, Louis de 1793. OR.

20. — *République*, Louis de 24 livres. OR.

21. — *Napoléon I<sup>er</sup>*, Marengo. 3 pièces. OR.

22. — *Napoléon I<sup>er</sup>*, 20 francs, Premier Consul et Empereur, 2 pièces. OR.

23. — *Napoléon III*, 5 francs. 2 pièces. OR.

24. SEIGNEURIALES. *Le prince Noir*, Hardi. OR.

25. ESPAGNOLES. 3 pièces. OR.

26. SAVOIE. *Victor-Amédée*, grande pièce. OR.

27. ANGLETERRE. *Henri VI*, Demi-Noble. OR.

28. VENISE et MILAN. 20 lires 1848, 2 pièces. OR.

29. Florins d'or de Louis et une Gauloise. 2 pièces.
OR.

3o. Médailles de Napoléon I<sup>er</sup>, son mariage, etc.
5 pièces. OR.

## MONNAIES D'ARGENT

31. FRANÇAISES. *Louis I*<sup>er</sup>, *Charles II.* 3 pièces. AR.

32. — *Louis XII*, Teston de Milan. AR.

33. — *Louis XIII à Louis XVI*, Écus et Demi-
Écus. 13 pièces. AR.

34. — *François I*<sup>er</sup> *à Louis XVI*, Testons, Quarts-
d'Écus, etc. 40 pièces. AR.

35. ÉTRANGÈRES. Plusieurs lots d'Écus et divisions.
AR.

36. Lot de Médailles et Monnaies de bronze.